AF356851

28 Mars 1881.

Vente du Lundi 28 Mars 1881

HOTEL DROUOT, SALLE N° 4

A DEUX HEURES

OBJETS D'ART

ET DE

CURIOSITÉ

FAIENCES ET PORCELAINES

ANCIENNES

MEUBLES — TABLEAUX

TAPISSERIES

OBJETS DE VITRINE

EXPOSITION PUBLIQUE

Le Dimanche 27 Mars 1881, de deux heures à cinq heures

Mᵉ Em. CAURA

COMMIS⁹ᵉ-PRISEUR

rue Richer, n° 54

M. Georges SEMPÉ

EXPERT

rue Saint-Lazare, n° 45

PARIS — 1881

DÉSIGNATION

FAIENCES ANCIENNES

DE ROUEN, DE LILLE, DE MARSEILLE, ETC.

1 — Très belle Fontaine et son Bassin en ancienne
faïence de Rouen ; décor bleu. Haut. 0ᵐ55.

2 — Autre Fontaine ; décor polychrome.

3 — Belle Soupière et son Plateau en ancienne faïence
de Rouen ; décor bleu.

4 — Pot à eau en faïence ; décor polychrome très fin,
époque Louis XIV. Haut. 0ᵐ22.

5 — Très beau Pot en faïence de Lille ; décor de personnages, avec inscription : *Vive l'Amour.*
Haut. 0ᵐ37,

6 — Autre Pot avec armoiries et décor de cavaliers.

7 — Beau Pot en faïence de Lille ; [décor très fin avec
cartouche, Louis XV et sujet d'après Téniers.
Haut. 0ᵐ24.

8 — Autre Pot ; sujet *Saint Sébastien.*

9 — Jolie Saucière, époque Louis XV.

10 — Bannette octogone en vieux Rouen ; décor polychrome.

11 — Gourde en faïence ; décor rayé.

12 — Plat en faïence de Delft ; décor [guerrier et ornements très fins. Long. 0ᵐ39.

13 — Grand Plat rond de Rouen ; décor bleu très fin.
Long. 0ᵐ50.

Vᶜᵉ RENOU, MAULDE et COCK

IMPRIMEURS DE LA COMPAGNIE DES COMMISSAIRES-PRIS

Rue de Rivoli, 144

V^{ce} RENOU, MAULDE et COCK

IMPRIMEURS DE LA COMPAGNIE DES COMMISSAIRES-PRISEURS

Rue de Rivoli, 144

CONDITIONS DE LA VENTE

Elle aura lieu au comptant.

Les Acquéreurs paieront CINQ POUR CENT, en sus du prix d'adjudication.

DÉSIGNATION

FAIENCES ANCIENNES

DE ROUEN, DE LILLE, DE MARSEILLE, ETC.

1 — Très belle Fontaine et son Bassin en ancienne faïence de Rouen ; décor bleu. Haut. 0ᵐ55.

2 — Autre Fontaine ; décor polychrome.

3 — Belle Soupière et son Plateau en ancienne faïence de Rouen ; décor bleu.

4 — Pot à eau en faïence ; décor polychrome très fin, époque Louis XIV. Haut. 0ᵐ22.

5 — Très beau Pot en faïence de Lille ; décor de personnages, avec inscription : *Vive l'Amour.* Haut. 0ᵐ37,

6 — Autre Pot avec armoiries et décor de cavaliers.

7 — Beau Pot en faïence de Lille ; [décor très fin avec cartouche, Louis XV et sujet d'après Téniers. Haut. 0ᵐ24.

8 — Autre Pot ; sujet *Saint Sébastien.*

9 — Jolie Saucière, époque Louis XV.

10 — Bannette octogone en vieux Rouen ; décor polychrome.

11 — Gourde en faïence ; décor rayé.

12 — Plat en faïence de Delft ; décor [guerrier et ornements très fins. Long. 0ᵐ39.⁴

13 — Grand Plat rond de Rouen ; décor bleu très fin. Long. 0ᵐ50.

14 — Très jolie Saucière en faïence de Marseille, ornée
d'un petit chien sur l'anse ; décor très fin.

15 — Pot à surprise en faïence de Rouen ; décor bleu.

16 — Vase, forme casque, en faïence de Rouen ; décor
polychrome.

17 — Pot-Pourri en faïence de Rouen ; décor bleu.

18 — Très jolie Saucière ; décor bleu.

19 — Autre Saucière.

20 — Vase et son Couvercle, forme balustre, en vieux
Rouen ; décor polychrome.

21 — Autre Vase.

22 — Petite Salière en faïence italienne ; décor bleu.

23 — Sucrier à poudre en vieux Rouen ; décor bleu.

24 — Petit Vase, forme Médicis, en Rouen bleu.

25 — Cornet en faïence italienne ; médaillons et figurines.

26 — Petit Pot en grès de Flandre, avec mascaron tête
d'homme.

27 — Autre Pot, avec inscriptions.

28 — Grand Plat octogone en faïence de Rouen ; décor
bleu.

29 — Plat en faïence de Lille ; décor persan.

30 — Grand Plat long en faïence ; décor jaune.

31 — Paire de Cache-Pots en faïence du Midi.

32 — Vase en vieux Rouen ; décor bleu.

33 — Cuvette en vieux Rouen ; décor bleu.

34 — Quinze Assiettes en faïence de Moustiers.

35 — Deux Potiches en Delft bleu ; décor d'oiseaux et
fleurs.

36 — Deux Plats en faïence, têtes en relief, dans leurs
cadres.

37 — Deux Figurines de moines ; décor polychrome.

38 — Bouteille en faïence, avec chimère en relief.

39 — Grande Soupière en faïence de Strasbourg, avec
fleurs en relief ; forme élégante.

40 — Lot d'Assiettes en faïences anciennes diverses.
(Sera divisé).
41 — Deux Corbeilles en faïence, à jour.
42 — Coquetière en faïence, formée par une poule.
43 — Soucoupe en vieux Rouen; décor bleu,
44 — Plat en Rouen; décor bleu, époque Louis XIV.
45 — Tonneau en grès de Flandre.

PORCELAINES ANCIENNES

DE CHINE, DE SÈVRES, DE SAXE, ETC.

46 — Grand Cornet en vieux Chine, famille verte, à personnages.
47 — Paire de petits Vases, famille verte, à figures.
48 — Deux Pitongs, famille rose.
49 — Autre Pitong, famille verte.
50 — Autre Pitong à six pans, à jour; décor très fin.
51 — Très beau Cache-Pot en vieux Chine fond vert, à fleurs roses et médaillons en relief.
52 — Autre Cache-Pot, famille verte; décor de grues.
53 — Cache-Pot à six pans; décor bleu.
54 — Cache-Pot, famille rose.
55 — Autre Cache-Pot, décor bleu de chimères.
56 — Petit Vase en Chine fond jaune; décor de fleurs.
57 — Autre Vase fond vert, avec couvercle.
58 — Paire de petits Vases fond vert, dessins et fleurs en relief.
59 — Coupe sur piédouche fond jaune, fleurs en relief.
60 — Petite Bouteille ornée de fleurs.
61 — Deux Tasses; décor de personnages sur fond d'or.
62 — Deux Tasses en porcelaine de Kanga fond blanc; décor médaillons.

63 — Six petites Tasses en vieux Chine, à figures et ornements.

64 — Six autres Tasses en porcelaine soufflée bleue, soucoupes, personnages et oiseaux.

65 — Trois Tasses de Sèvres; décor de myosotis.

66 — Grand Plat de Chine famille rose; décor d'oiseaux et fleurs.

67 — Bol famille verte; décor d'oiseaux et fleurs.

68 — Assiette en porcelaine de Locray.

69 — Grand Bol en pâte tendre; décor de guirlandes de roses sur fond bleu et or.

70 — Assiette en vieux Saxe; décor chinois.

71 — Plat en Chine, famille verte.

72 — Pot à lait en porcelaine à la reine; décor bouquets de roses.

73 — Deux Soucoupes en Tournay, pâte tendre.

74 — Petite Tasse en Sèvres; décor chinois d'après Pillement.

75 — Potiche en Japon.

76 — Compotier en Sèvres.

77 — Paire de Vases en Sèvres, fond bleu, avec médaillons de fleurs.

78 — Statuette en biscuit, d'après Falconnet.

79 — Grand Plat en Saxe, forme et décor de Sèvres.

MEUBLES ANCIENS

80 — Grand Meuble en noyer sculpté, orné de têtes d'enfants et de guirlandes, fronton formé par des chimères, époque Henri II.

81 — Table à jeu en marqueterie, époque Louis XVI, pieds en noyer sculpté.

82 — Autre Table à jeu, même travail.

83 — Commode italienne à cariatides en noyer sculpté, époque Louis XIV.

84 — Meuble-Buffet à deux portes, à hauteur d'appui, en noyer sculpté, époque Louis XIII.

85 — Joli Paravent à quatre feuilles, recouvert en étoffe, époque Louis XVI.

86 — Table Louis XIII, à cinq pieds tors, en noyer.

87 — Table Louis XIV en noyer sculpté.

88 — Petit Bureau formant vitrine en acajou, orné de bronzes, époque Louis XVI.

89 — Table Tric-Trac en acajou, époque Louis XVI.

90 — Servante en acajou, dessus de marbre blanc, même époque.

91 — Commode en acajou, ornée de bronzes, même époque.

92 — Table à jeu avec incrustations de cuivre, même époque.

93 — Quatre Chaises, époque Louis XIII.

94 — Table sculptée, époque Louis XVI.

95 — Prie-Dieu en bois sculpté, même époque.

96 — Beau Fauteuil mécanique à oreilles, couvert en étoffe ancienne, époque Louis XIII.

97 — Grand Fauteuil en noyer sculpté, couvert en étoffe, époque Louis XIII.

98 — Deux Fauteuils en noyer sculpté, couverts en soie, époque Louis XV.

99 — Chaise en noyer, couverte en damas rouge, époque Henri II.

100 — Deux autres Chaises couvertes en velours rouge, même époque.

101 — Tabouret époque Louis XIV, couvert en broderie ancienne.

102 — Grande Chaise couverte en broderie, époque Louis XIII.

103 — Petit Canapé forme bateau, couvert en tapisserie, époque Louis XVI.

OBJETS DE VITRINE
TABLEAUX, CURIOSITÉS, TAPISSERIES
OBJETS DIVERS

104 — Pendule statuette de Diane endormie, d'après
Falconnet; en bronze doré, époque Louis XVI.

105 — Paire de Candélabres Empire, à trois lumières,
supportés par des figurines de femmes.

106 — Lustre en cuivre, à six lumières, époque
Louis XIII.

107 — Paire de Flambeaux en cuivre, xviᵉ siècle.

108 — Petite Statuette en bronze repoussé et doré, du
xvᵉ siècle.

109 — Grand Vase en émail cloisonné, anses formées
par des chimères. •

110 — Petit Mortier en bronze. avec médaillon de figurines.

111 — Fontaine à thé en plaqué, époque Louis XVI.

112 — Fontaine Louis XIII en cuivre jaune.

113 — Deux Salières Louis XVI en argent finement
ciselé, ornées de statuettes d'Amours et de
guirlandes.

114 — Croix en argent doré, ornée de pierres fines,
grenats et turquoises,

115 — Bague en argent du xviᵉ siècle, ornée d'une tur-
quoise.

116 — Pendentif émaillé, représentant saint Georges.

117 — Deux petits Vases d'applique en bronze doré,
époque Louis XVI.

118 — Deux Amours en bronze doré, époque Louis XIV.

119 — Boîte en pierre dure gravée.

120 — Sept Pièces, pendentifs en cristal de roche.

121 — Éventail en vernis Martin, sujet d'après Watteau.

122 — Deux petites Corbeilles en Saxe blanc.

123 — Grand Étui en porcelaine de Saxe, personnages en camaïeu vert.

124 — Petit Flacon en porcelaine fond rouge, médaillon de fleurs.

125 — Boîte en vernis Martin jaune, avec miniature.

126 — Petite Écuelle en Saxe, formée de fleurs en relief.

127 — Boîte en ivoire, avec jolie miniature, portrait de femme.

128 — Fond de triptyque (Vierge à l'enfant) en émail du XVIᵉ siècle.

129 — Deux Reliquaires en bois sculpté et doré, époque Louis XIV.

130 — Porte-Montre en bois sculpté, avec figurine de femme.

131 — Cinq Panneaux à personnages en bois sculpté.

132 — Deux Statuettes sur socles en bois de fer. Très beau travail chinois.

133 — Modèle de cheval en cire, attribué à Fremyet.

134 — L'Horoscope du duc de Nassau, tableau par Vorarberg, signé et daté, d'exécution très fine.

135 — Jeune Fille fustigeant des Amours, tableau par Mola.

136 — Paysage, par Bruandet.

137 — Paysage (Effet de neige), par Mallebranche.

138 — Cheval en liberté, par Van den Berghe.

139 — Portrait de Louis XV enfant (École française).

140 — Deux petits Tableaux, d'après Lancret.

141 — Tableau Vase de fleurs (École ancienne).

142 — Dessus de porte, d'après Coypel, époque Louis XIV.

143 — Miniature (Portrait de femme), époque Louis XV.

144 — Jolie Miniature (Portrait de femme), époque Louis XVI.

145 — Miniature (le Château de cartes), par Klingstedt.
146 — Grande Miniature (Portrait de Chateaubriand),
        Signé : *Billfeld*, 1822.
147 — Miniature (Portrait de femme).
148 — Deux autres Portraits de femme.
149 — Belle Tapisserie à personnages.
150 — Autre Tapisserie.
151 — Tapisserie verdure et oiseaux.
152 — Tapisserie verdure.
153 — Autre Tapisserie.
154 — Garniture de fauteuil en tapisserie, époque
        Louis XIII.
155 — Tapis oriental.
156 — Autre Tapis.
157 — Objets non catalogués.

Vᵉˢ Renou, Maulde et Cock, imprˢ de la Compagnie des Commissaires-Priseurs,
rue de Rivoli, 144.   16578